안용환 제1시집

삶의 향기

안 용 환

[작가의 말]

책을 내면서

안 용 환

사랑과 그리움, 삶의 허전함과 작은 행복
그리고 세상의 안타까움까지…,
이 넋두리를 묶어놓은 것으로 제가 살아오면서
느낀 마음의 파동을 담았습니다.

주말의 허전함, 시골 마을의 고요와 갈등,
사회의 쓸쓸함 속에서도 저는 늘 작은 행복과
웃음, 사랑을 찾으려 애썼습니다.

"마음이 젊으면 인생이 즐겁다"라는 믿음으로 작은 손길과 진심 어린 말이 삶을 풍요롭게 한다는 것을 다시 한번 깨달았습니다.

이 책은 거창한 철학서가 아니라 저의 일상과 마음을 담은 조용한 기록입니다.
읽는 분들이 이 글을 통해 잠시 마음의 숨을 고르고 작은 위로와 희망을 느낄 수 있기를 바랍니다.

마음이 허전할 때,
웃고 싶은 날,
사랑을 느끼고 싶은 순간,
이 글이 조용히 곁에 머물러 따스한 울림이되기를 바랍니다.

2025 년 9 월
안 용 환 씀

목 차

작가의 말 _ 책을 내면서 _____ 3

제1부 _ 향기나는 삶 _____ 13

향기나는 삶 _____ 14
뒤늦은 다짐 _____ 15
조상님 전에 _____ 16
그대는 아침햇살 _____ 17
골목에 노을 _____ 19
사랑하는 아들 _____ 20
석양 속 너 _____ 21
세월의 거울 _____ 22
어린 손자와 며느리에게 _____ 23
중년이란 세월 속에 _____ 24
지나온 세월 _____ 25
찢어지는 가슴 _____ 27
참회의 끝에서 _____ 29
천리포 석양 _____ 30
청풍호반 비봉산에서 _____ 31
追憶思祖 추억사조 _____ 32
추억의 거리 _____ 33
핏줄에 흐르는 책 향기 _____ 34
헌신의 길 _____ 35
황혼이라니 _____ 37
흔적으로 남는 삶 _____ 38
남은 생의 노래 _____ 39
너무 빨리 온 황혼 _____ 40

목차

제2부 _ 느티나무에 바치는 시 _____ 41

느티나무에 바치는 시 _____ 42
당신께 드리는 늦은 고백 _____ 44
당신께 _____ 45
無題 무 제 _____ 46
백마강白馬江 뱃길에서 _____ 47
빈손의 세월 _____ 48
뿌듯한 마음 _____ 49
험한 세상 _____ 50
험한 세상에도 _____ 51
어머님의 그림자 _____ 52
억새꽃 _____ 53
영원한 마음 _____ 54
영원한 효심 _____ 55
오기 싫은 가을에 _____ 56
우리말의 자리 _____ 57
이런 친구 _____ 58
인생의 강가에서 _____ 59
가을 한잔 _____ 60
고요 속의 깨달음 _____ 62
광양군 부부를 기리며 _____ 63
자랑스런 광양군 부인을 기리며 _____ 64
광양군(안 황) _____ 65

목차

제3부 _ 그리움 _____ 67

그리움 _____ 68
기름 한 방울 없는데 _____ 69
끊어진 목소리 _____ 70
남은 시간의 의미 _____ 71
白馬江 懷古 백마강 회고 _____ 72
사간공을 그리며 _____ 73
석양 앞에서 _____ 74
석양 속 고백 _____ 75
설레임 _____ 76
소나무 _____ 77
앞산 위의 뭉게구름 _____ 79
가슴에 묻어둔 이야기 _____ 80
나는 보았네 _____ 81
농다리 위에서 _____ 83
을왕리의 석양 _____ 84
인생의 저녁 길 _____ 85
입추가 지나고 _____ 86
제천 땅의 울림 _____ 87
제천 땅에 서서 _____ 88
가는 세월 _____ 90
기다림 _____ 91
사랑은 나이를 묻지 않는다 _ 92

목차

제4부 _ 사랑한다는 말 _____ 93

사랑한다는 말 _____ 94
설렘 _____ 96
어느 날 _____ 97
일주일의 행복 _____ 99
잡초 雜草 _____ 100
젊은 마음 _____ 102
웃음의 힘 _____ 103
주말의 빈자리 _____ 104
허전한 햇살 _____ 105
아름다운 삶의 지혜 _____ 106
아침 감사의 노래 _____ 107
작은 행복 _____ 108
작은 행복의 길 _____ 109
젊은 마음의 노래 _____ 111
주말의 빈자리 _____ 113
죽서루에 올라 _____ 114
꿈에 그린 제주 _____ 115
눈을 감으면 _____ 116
뜨거운 말 _____ 117
무거운 마음 _____ 118
무소유의 편안함 _____ 119

목차

제5부 _ 사랑으로 찾는 행복 _____ 121

사랑으로 찾는 행복 _____ 122
숨 막히는 세상 _____ 123
욕심 가득한 동네 _____ 124
건너지 못하는 강 _____ 125
고추잠자리 _____ 126
나그네 _____ 127
낮에 뜬 달 _____ 128
노년의 눈물 _____ 129
돌지 않는 선풍기 _____ 130
땀방울의 행복 _____ 131
자손들에게 _____ 132
竹西樓上 죽서루상 _____ 133
펴는 손 _____ 134
햇살 속의 마음 _____ 135
떠나버린 님이여 _____ 136
만개한 능수화 _____ 137
만나고 싶을 때 만날 수 있다면 _ 138
며느리를 생각하며 _____ 139
못다한 사랑 _____ 140
밤낚시에 피어나는 물안개 _____ 141

목차

제6부 _ 배려 _____ 143

배려 _____ 144
불꽃 _____ 145
비 내리는 밤의 그리움 _____ 146
사간공 안성 선조 제향 후 _____ 147
작은 손주의 군입대 _____ 148
얄미운 사람 _____ 149
어머니의 사랑 _____ 150
이름없는 그리움 _____ 151
이택재 _____ 152
인생 수업 _____ 153
인생의 간이역 _____ 154
손주 제대의 날 _____ 155
자손에게 남기는 말 _____ 156
중년의 외로움 1 _____ 157
중년의 외로움 2 _____ 158
조상님의 불천위(안 황) 제향 _____ 159
허공 _____ 160
행복한 기다림 _____ 161
한 잔의 추억 _____ 162
책과 잠 _____ 163
이천 특전사 식당에서 _____ 164
비 내리는 섬진강 추어탕 _____ 165

삶의 향기

안용환

제1부

향기나는 삶

향기나는 삶

바람이 스쳐도 잊히지 않는
작은 꽃 향기처럼

내 마음의 말과 행동이
누군가의 기억 속에
조용히 남는 삶을 살고 싶다

말 한마디에도 따스함이 묻어나고
손길마다 정성이 배어
사람들의 가슴 속에
잔잔한 향기로 퍼지는 삶

그것이 내가 꿈꾸는
향기나는 삶이 아닐까

뒤늦은 다짐

전쟁의 그늘 속에서
배움의 길 잃고
살아남기 위해 달려온 세월

손에 잡는 일마다
모래처럼 흩어져
몸은 지치고 마음은 추락하니
집안에 등불조차 밝히지 못했다

가장의 이름이 무거워
외면받던 나날들
스스로도 부끄러운 발걸음이었다

이제야 정신이 든다.
남은 생은 기대어서는 안 된다는 것
자식의 어깨에 짐이 되지 않으리라

비틀대던 길 위에도
새벽은 다시 오고
늦게나마 사람답게 살아가려 한다

조상님 전에

먼 하늘에 계신 어르신들이여
저의 짧고 모자란 삶
늘 지켜 보셨지요

나라가 흔들리고
집안이 기울 때
제 발걸음은 자주 비틀렸으나
끝내 당신들의 피와 이름을
잊지 않고 살아왔습니다

흩어진 세월 속에서도
자손을 지켜주신 은혜에 감사드리며
이제 남은 생은
더 부끄럽지 않게 살겠습니다

자손들이 서로 화목하고
대를 이어 빛나게 하소서

조상님의 뜻에 따라
작은 등불로라도 집안을 밝혀 가겠습니다

그대는 아침햇살

나와 전혀 무관한 사람이라
그냥 지나칠 뻔 했는데

나도
그대가 망서림 없이 오신다면
계절인 듯 반기려 해요

영장산 기슭 텃골에 뜬별
바람이 스치고 지나버린
어언 삼백 년
그대의 빛은
떠 오르는 아침햇살

세월은 가버리는 것
인생도 그렇게 떠나가는걸…
책을 펼치면
바람이 한 장 한 장 넘기고
나는 이렇게 웃는걸요

오시려거든

그대도 계절처럼
언제든지 다녀가시기를…

영원히 길이 빛날
순암 안정복
그대는 정녕 내게 아픔입니다

골목에 노을

느티나무 그늘 아래
아이들 웃음소리 바람에 실리고

흙길 위 저녁연기 따라
집집마다 이야기와 꿈이 피어오르던 시절

그 모든 풍경이
오늘 마음속에서
조용히 미소 짓는다

사랑하는 아들

아비의 두 어깨가 무너져
집이 기둥을 잃으니
너의 눈빛마저
갈 곳을 잃고 흔들린다

아비가 지켜야 할 길을
끝내 지켜내지 못해
너의 앞날에 그림자를 드리웠으니
어찌 미안하지 않으랴

아들아
너의 젊은 날이
아비의 잘못 때문에 꺾이지 않기를
이 상처가 너에게는
새 힘의 뿌리가 되기를

나는 두 손 모아
눈물로 빌 뿐이다

석양 속 너

석양 속 너
붉게 물든 하늘 아래
조용히 스친 너의 눈빛
가슴속 작은 불꽃이
석양빛에 스며든다

너의 눈빛이 조용히 흔들리면
가슴속 불꽃은
석양빛 안에서 꿈이 된다

세월의 거울

거울 속의 나는
언제 저리 변했을까
머리칼은 희어지고
눈빛은 잔잔해졌다

그러니 깊이 들여다보면
어린 날의 눈망울도
젊은 날의 열정도
그 안에 고스란히 머물러 있다

세월이 나를 바꾼 것이 아니라
겹겹의 나를 쌓아 올려
지금의 얼굴을 완성한 것이다

어린 손자와 며느리에게

어린 너는 아직
세상 근심도 몰라야 할 나이인데
아비의 그늘에 가려
웃음을 잃게 했구나

며느리 또한
피 흘리듯 흘러내린 집안 살림을
두 손으로 안아내며
말없이 눈물 삼키는구나

차마 눈을 마주하지 못한다
내가 짊어졌어야 할 짐을
너희의 어깨에 얹어 놓고
미안하다. 또 미안하다

부디 이 아픔을 원망으로 남기지 말고
서로의 손을 더 굳게 잡아라
너희의 내일만큼은
내 어둠 속에서도
빛으로 피어나기를 바란다

중년이란 세월 속에

천년의 세월을 살 것처럼
앞만 보고 살아왔는데
중년이 지나고서야
기껏 살아봐야 백 년도 못산다는 것을 알았습니다

그렇게 멀리만 보이던 중년이었는데
세월은 어느새 나를 황혼의 문턱으로 날려 보냈네요
부질없는 탐욕으로 살아온 세월이
가슴을 텅 비우게 했고
머리속만 어지럽게
살아온 시간들이었습니다

이제 남은 세월은 머리를 비우고
가슴을 채워가는 세월이기를
간절한 소망으로 가져 봅니다
기억 속에 사는 삶이 아닌
추억 속에 사는 삶을 가꾸렵니다

지나온 세월

"그 길을 걸어온 나"
80년을 지나며
흔적 없이 흘러간 시간들이
내게 묻는다
"너는 무엇을 이뤘니?"

그래, 눈에 보이는 것들
손에 쥔 것들 없지
그저 바람에 흩어진 먼지처럼
살아온 날들
그저 버텼던 나날들

하지만
그 속에서도
내 마음은 따뜻했다
누군가의 미소를 지켰고
슬픔을 함께 나누었으며

조용히 조용히
세상의 한 구석에서

빛나지 않은 별처럼
살아왔음을
이룬 것이라 생각하지 않았던
모든 순간들이
어쩌면 가장 큰 힘이었을지 모른다

눈에 보이는 것만이 전부가 아니라는 것을
그렇게 한 세월을 깨달으며
이제는 고백할 수 있다
"나는 나대로
잘 살아왔음을"

찢어지는 가슴

모든 것을 잃고
빈집에 서니
벽마다 울음이 배어 있다

하루아침에 흩어진 가족
어머니마저
구십 평생을 사시고도
다시 친정으로 돌아가셔야 한다니
어찌 이 죄를 씻을 수 있으랴

자식으로 태어나
한 줌의 효도조차 못 드린 채
눈물로 어머니의 등을 떠미는 나

가슴이 찢겨도
감히 소리 내 울 수조차 없다

그저 기도한다
이 쓰라린 죄의 무게가
나에게서 끝나고

어머님의 남은 길 위에는
오직 평안만이 드리워지기를

참회의 끝에서

나는 부끄러운 가장이요
가슴의 상처만 남긴 아들이요
짐을 떠넘긴 아비이지만

눈물로 기도한다
내 잘못이 흩어지는 가족의 길 위에서
다시는 되풀이되지 않기를

흩어진 삶이 언젠가는
다시 모여 앉아
웃음 지을 날이 오기를

세월의 끝에 남는 것이
죄와 한숨만이 아니라
그 모든 아픔을 견뎌낸 뒤의
작은 평안이기를 바란다

천리포 석양

바다 끝 수평선이
붉은 숨결로 물드는 저녁

파도는 고요히
하루의 이야기를 접어두고
노을빛을 조용히 흔듭니다

그대 마음에도
오늘의 햇살이 남아
서서히 붉게 번져가리니

잠시 눈을 감으면
세상은 바다가 되고
그 바다는 곧
그대의 깊은 꿈이 되리라

청풍호반 비봉산에서

하늘에 매달린 듯
케이블카가 숨을 고른다

발아래, 은빛 호수는
세월을 품은 거울처럼
산과 구름을 한껏 끌어안고

사방으로 펼쳐진 능선들
바람 따라 춤추며
내 마음까지 멀리 열어 준다

여기, 정상의 바람 속에서
나는 잠시
땅도, 시간도 잊은 채
하늘의 한 조각이 된다

追憶思祖 추억사조

두문동 바람 맑아
충절의 이름 서리치네
팔도 고을 살피시며
백성의 삶을 밝히셨네

청백의 길 처음 여시어
세종의 시호 사간이요
포은의 벗 야은의 친구
황희의 글에도 빛나도다

안동의 강물은 여전하건만
그 자취 이미 구름 되셨네
후손의 마음
영장산 자락 깊은 곳에
영원히 기개 머무시리

추억의 거리

회색빛 가로등 아래
낯익은 골목마다
지워지지 않은 기억들이 숨쉰다

바람에 스치는 먼지 속에
누군가의 한숨
또 다른 누군가의 눈물이 섞여
조용히 길 위를 흐른다

낯선 발걸음도
잠시 머물면
아픈 과거의 그림자가
길가 담벼락에 기대어 속삭인다

상도동의 거리는
오늘도 그렇게
기억과 아픔을 품고
묵묵히 밤을 걷는다

핏줄에 흐르는 책 향기

동사강목 펼쳐
흩어진 역사를 곧추세우시고
임관정요와 100여 권의 책으로
조선의 학문을 일으키신 분

수많은 후학들이
그 가르침 아래에서 길을 얻고
그 정신은 오늘까지 이어져
나의 뼛속 깊이 숨 쉬고 있다

나는 그 후손
여덟 대를 건너온 핏줄에
책 향기와 기개의 울림을 품은 사람

한없이 자랑스럽다
순암의 이름 앞에서
나 또한 작은 등불이 되어
그 길을 이어 걷고 있음을

헌신의 길

광양군의 사패지 한 모퉁이에
종 터를 지키던 발자취
그 자리는 단순한 흙이 아니라
핏줄의 뿌리였다

사재를 아낌없이 내어
조상의 이름을 빛내고
후손의 길을 밝히신 분
당신의 마음은 한 개인이 아닌
온 종중의 심장이었다

현양의 깃발을 세우고
장학의 샘물을 터주어
미래의 후손들이
그 물을 마시며 자라도록 하셨네

돌이켜 보면
당신의 삶은 하나의 다리
선조의 뜻을 후손에게 건네는
굳은 돌다리였다

오늘 우리가 그 길 위를 걸으며
당신의 발자취를 밟는다
그리고 다짐한다
그 헌신을 이어
광양군의 이름을 더욱 빛내리라

황혼이라니

아직 피워보지 못한 말들이
입술 끝에 맺혀 있는데
벌써 바람은 어둠의 깃을 펼친다

가야 할 길이 먼데도
발자국은 저녁을 따라가고
시간은 내 그림자를 앞질러 달린다

내 벌써 황혼이라니
그 속에서 나는 배운다
빛은 오래 붙잡는 것이 아니라
짧을수록 더 깊이 새기는 것임을

흔적으로 남는 삶

발자국은
바람이 불면 지워지고
이름은
세월이 흐르면 잊히지만

따뜻한 말 한마디
작은 손길 하나는
누군가의 가슴에 남아
보이지 않는 등불이 된다

삶은 결국
남긴 흔적의 크기가 아니라
그 흔적에 스며든
온기의 깊이로 기억된다

남은 생의 노래

험한 길 헤매던 나를
끝내 버리지 않고
곁을 지켜준 그대들

가난이 밥이 되고
슬픔이 옷이 되었어도
사랑만은 잃지 않았다

이제는 빚을 갚듯
남은 생을 살아가리
자식에게 짐이 아닌
버팀목이 되리라

가족이란 등불이 있었기에
내가 아직 사람으로 서 있다
감사의 마음으로
내일의 아침을 맞는다

너무 빨리 온 황혼

아직 태양은
산마루에 걸려 있는 줄 알았는데

순간의 바람에
빛은 기울고, 그림자가 길어졌네

가야 할 길은 남아 있는데
걸음은 이미 저녁을 밟고
마음은 여전히 아침을 찾는다

너무 빨리 온 황혼
이 어스름 속에서
나는 묻는다

남은 하루의 끝자락에
무엇을 놓고 갈 것인가
또 무엇을 간직해야 할 것인가

제2부

느티나무에 바치는 시

느티나무에 바치는 시

텃골의 바람이 실어 온
순암 선생의 지혜
이택재에서 쌓인 시간들

그 길고 깊은 나날을
이 느티나무가 지켜왔습니다
때로는 비바람을 맞으며
때로는 따스한 햇살을 품으며
세월 속에 흐려진 기억들을
굳건히 안고 서 있는 이 나무

그 뿌리 깊은 평온함에
한 줄기 감사가 흐릅니다

시린 겨울에도
무성한 여름에도
늘 같은 자리에 서서
선생님의 뜻을 따르고
그 길을 묵묵히 지켜온
그 모습에 고마운 마음을 전합니다

사라져가는 것들이 많은 이 세상
이 느티나무는 변함없이
그 자리를 지켜
우리에게 묵직한 교훈을 전하고
그 품에서 마음을 쉬게 합니다

순암의 가르침
이택재의 흔적
모두 이 느티나무 속에
깊이 새겨져 있습니다

오늘도 그늘 아래
바람에 실려 오는 그 말씀을
한 번 더 새기며
고요히 감사의 마음을 보냅니다

당신께 드리는 늦은 고백

팔십을 넘긴 세월 동안
나는 늘 어눌한 남편이었습니다

홀로된 시어머니를 모시며
굽은 허리로 병수발 하던 당신
장례의 무거운 길을 지날 때조차
불평 한 마디 없었던 당신

나는 그 곁에서
말 한마디 위로하지 못했고
사랑한다는 고백조차 삼켰습니다

남편이라는 이름으로
늘 실패의 그림자만 지고 다녔건만
당신은 내 곁에서
묵묵히 등불이 되어 주었습니다

이제야 깨닫습니다
내가 살아온 길이
당신의 눈물과 인내 위에 세워져 있음을

당신께

너의 두 어깨는
내 삶의 기둥이었는데
나는 그 기둥에 기대어 서기만 하다
끝내 무너지고 말았다

살뜰이 아끼고 모은 세월이
하루아침에 흩어지는 것을 보면서도
너는 원망보다
내 손을 먼저 잡아주었지

부끄럽다 부끄럽다
사랑한다는 말로도
차마 다 씻어낼 수 없는 죄책

부디 이 눈물이
너의 마음에 무거운 짐이 되지 않고
그저 남은 날들을 함께 버틸
조용한 맹세가 되기를…

無 題

찻잔 위로 피어오르는 고요한 김
그 속에 마음의 그림자가 잠깁니다

젊은 여인
고개 숙여 찻향을 들이마시며
아직 닿지 못한 내일을 그려 보는지
아니면 지나온 어제를 곱게 접어
가슴 깊이 묻어두는 걸까

창밖 햇살은 유리창에 부서지고
그 빛을 바라보는 눈길 속에
말 없는 이야기가 흐릅니다

차 한 모금의 따스함 속에서
세상은 잠시 멈추고
그녀의 생각만이 조용히 피어납니다

백마강白馬江 뱃길에서

잔물결에 몸을 맡긴 작은 배
낙화암 절벽은
천년의 숨결을 안고 서 있다

꽃잎처럼 흩날리던
백제의 여인들
그 울음소리 아직도
강물 속에 잠들었을까

강은 흐르되
왕국은 사라지고
돌아오는 건
바람과 메아리뿐
오늘의 나는
그 뱃길 위에서
사라진 나라의 한숨을 듣는다

빈손의 세월

남을 위한 자리는 비워두고
내 욕심만 가득 채워
게걸스레 걸어온 길

돌아보니
손엔 잡은 것 하나 없고
빈손뿐인 세월이
허공을 흩날린다

그러나 이 텅 빈 손바닥 위에
이제라도 작은 따스함 하나 올린다면
그 순간이야말로
내 삶의 참된 시작이리라

뿌듯한 마음

작은 발걸음 모여드는 이택재
맑은 눈동자 속에 예절이 싹트고
고운 손짓마다 전통의 향기가 번집니다

책 읽는 소리 고요히 울려 퍼지면
선비의 길, 곧은 뜻이 아이들의 가슴에 스며
순암 안정복 선생의 얼이 빛으로 살아납니다

네 주 동안 이어지는 배움의 향연
예의와 바름이 씨앗이 되어
후손들의 뿌듯한 마음속에 깊이 뿌리내리네

오늘의 아이들이 내일의 선비 되어
세상을 바르게 밝히리라
그 길에 선조의 정신이 늘 함께 하리라

험한 세상

칼날 같은 말이
바람에 섞여 흩날리고
서로의 눈빛은
돌보다 더 차갑다

돈과 권력이
질서를 대신하고
약한 숨결은
거리의 먼지처럼 밟힌다

그러나
어둠이 깊을수록
작은 빛은 더 또렷하다
험한 세상 끝에도
희망은 숨 쉬고 있다

험한 세상에도

탐욕의 손길이
서로를 짓밟고
거짓의 말들이
정의의 옷을 빼앗는다

거리는 차갑고
사람의 눈빛은
칼날처럼 서늘하다

그러나 이 험한 세상 끝에도
작은 등불 하나
꺼지지 않고 타올라
내일을 기다린다

어머님의 그림자

전쟁이 남편을 데려간 그날
홀로 외아들을 안고 길을 걷던 어머니
보릿고개를 넘어 손발이 다 닳도록
세상의 고생을 온몸으로 감내하셨네

자식의 효도 한번 받아보지 못한 채
근심과 걱정으로 한평생을 지내신 어머니
그늘진 마음 긴 세월 속에 묻히고
오늘 나는 이불 속에서
조용히 눈물 흘리며
늦은 효자의 이름을 불러본다

억새꽃

억새꽃 하얀 흔들림을 보면
끝내 고백하지 못한 사랑 때문에
가슴속에 안개비 내린다

하얀 머리 풀어 피우기에
꽃이라 불릴 수 없는 너
젊어서는 피울 수 없는 너
가을 찬바람이 불면
그리던 님 찾아 날아다니다

님의 발길에 밟히기도 하며
그대 모르게 사랑해…
그대 어느 가을날
하얀 그리움에 문득 슬퍼지는 날
한 번만이라도 돌아봐 주오
늙어서야 꽃피우는 사연을…

영원한 마음

영원한 불효자라 해도
당신을 기억하는 마음 하나
눈물로 안고 살아가네

그 마음이
작은 등불 되어
어두운 길을 비추듯
오늘도 당신을 향하네

영원한 효심

내 마음속 어머니
평생 못다 한 효도라 하지만
눈물 한 방울 기억 한 조각도
이미 당신께 닿는 길이니

나는 영원히 불효자일지라도
마음속 작은 정성으로
당신의 그림자를 안고 살아갑니다

오기 싫은 가을에

처서가 지났어도
햇살은 여전히
이마를 태운다

매미 소리는 끝물처럼 지쳐가고
들녘의 벼도 누렇게 익어가는데
바람만은 아직
여음의 옷을 벗지 못했구나

가을은 언제 오려나
저 먼 하늘 끝에서
구름 한 자락
서늘한 기척으로 다가오기를
목마른 가슴으로 기다린다

우리말의 자리

거리에선 외래어가 빛나고
모르면 무식하다 손가락질받는다

아, 그리운 시절
다방의 자욱한 담배 연기 속에
사랑도 인생의 꿈도 나누던 때

동네마다 대학은 늘었건만
우리말은 어디로 갔는가

이런 친구

힘겨운 날엔 말없이 옆에 앉아
내 한숨을 함께 나눠주는 친구

기쁜 날엔 내 웃음을
자기 일처럼 크게 웃어주는 친구

멀리 있어도 마음은 늘 가까워
한 줄 편지에도 따듯함이 전해지는 친구

세월이 흘러도 변치 않고
내 삶을 비춰주는
조용한 등불 같은 친구

이런 친구
내 곁에 있으면 참 좋겠습니다

인생의 강가에서

강물은 묻지 않는다
왜 이리 서두르냐고
왜 저리 뒤돌아보느냐고

그저 흐르고
그저 흘러간다

우리는 그 강가에 서서
손을 담그고
흩어진 추억 몇 줌을 건져 올리다
다시 놓아 보낸다

세월이란 이름의 강은
거슬러 오를 수 없기에
나는 이제야 배운다

흘러가는 것이 아픈 것이 아니라
흘러가면 남긴 흔적이
인생의 무늬가 된다는 것을

가을 한잔

가을을 열어
커피 한 잔에 담아 본다
은행잎 단풍잎 300년의 별도 넣어
님의 향기를 마셔본다

코끝에 닿는 가을은
진한 구수함이 가슴을 쉬게한다
님의 사상과 업적을 따다 하나 띄워
한 모금 넘기려 할 제
반가이 떠오르는 미소 한 자락

반기려 할새 없이
금새 파장을 일고
맴만 돌고 아픔으로 남는
부끄러운 후손

상큼한 가을 아침
창문 넘어 그리움이
물밀듯 잔 속으로 잠겨오고
한 모금씩 목젖으로 넘길 때마다

느껴지는 선조님의 향기

순암 안정복을 느끼며
님의 향기에 취해 사랑을 마셔본다
이천십이 년 시월 이십 일

고요 속의 깨달음

많이 가지려 애썼으나
빈손으로 돌아왔고
멀리 가려 했으나
다시 제자리에 서 있었다

이제야 알겠다
인생은 채움이 아니라
비움으로 완성되는 것임을

고요히 앉아
한 줄기 바람 소리
낙엽 하나 떨어지는 소리에도
가슴이 젖어드는 지금
나는 지금 평온하다

광양군 부부를 기리며

남편은 임금님을 호위하며
벼슬을 마다한 충의의 길을 걸으셨고
젊은 나이 마흔다섯에 과로로 눈을 감으셨네

아내는 홀로 사십 해 세월을 지키며
세 아들을 정성껏 키우시어
후손들이 나라의 기둥이 되게 하셨네

충과 효, 헌신과 강인함이
두 분의 이름으로 빛나고
그 정신은 오늘도 후손의 가슴마다
길이길이 살아 흐른다

자랑스런 광양군 부인을 기리며

일찍 남편 떠나보내고
홀로 사십 년간 긴 세월을 버티시며
세 아들을 정성으로 키워내신 분

그 품 안에서 자란 아들들
이산해 가문의 따님과 인연 맺고
후손은 관찰사 암행어사로 나아가
나라에 기둥 되었네

묵묵히 지켜낸 그 헌신과 강인함
우리는 자랑스런 할머니라 부르며
오늘도 그늘 아래에서
빛나는 이름을 이어간다
할머니 사랑합니다

광양군(안 황)

손가락을 잘라 피를 넣어드리며
부모님의 병을 달래셨네
그럼에도 숨을 거두신 아버님의
장례를 치르기까지 물 한 모금도 드시지 않으시고
묘막살이 하셨네

효자의 이름 세상에 길이 남아 빛나고
처남 되시는 선조 임금님께서 권하는
벼슬과 권세를 모두 사양하시며
나아가지 않으셨네

임진왜란으로 임금님을 모시고
귀양길에 홀로 호송하시니
45세 젊은 나이에 세 자식을 두고
과로로 세상을 떠나시니

임란 공신 2등으로 기록되어
오늘 바람결에도 충과 효의 이름이 전해지니
광양군(안 황)의 이름은 영원히 빛나리라

제3부

그 리 움

그리움

그리움은
멀리서 불어오는 바람
잡으려 하면 흩어지고
피하려 하면 더욱 스며드네

가슴 한 켠에
조용히 머물다
밤하늘 별빛 되어
끝내 나를 밝히는 이름

기름 한 방울 없는데

기름 한 방울 나지 않는 땅
검은 황금은 바다 건너 사오면서도
거리에선 반짝이는 중형 외제차
부와 꿈을 싣고 달린다

한 세대 전
보릿고개를 허기진 배로 건너던 손길이
이제는 하늘 향해 핸들을 잡는다

국민의 주머니 속에
한 줌의 땀과 눈물이
달러로 환산되어
철과 유리 위를 굴러간다

석유는 없지만
노동의 불씨는 있었기에
오늘 거리는
소득의 빛을 달고 흐른다

끊어진 목소리

수화기 너머
마지막 숨결처럼 떨리던 음성
짧은 침묵 끝에
뚝 – 하고 잘려 나갔다

남은 것은
귀를 파고드는 적막
그리고 가슴속에 매달린
끝내 풀리지 못한 말 한 줌

사랑은 이렇게
끊어진 선 위에 매달려
아직도 울리고 있는데
세상은 이미
다시 흘러가고 있다

남은 시간의 의미

남은 시간은
덧셈이 아니다
더해져 늘어나는 것이 아니라
덜어내고 비워내며
빛을 드러내는 것

급히 채우려 하지 않아도 된다
짧은 순간에도
깊이 스며드는 향기처럼
남은 날들은
그 자체로 충분하다

그래서 나는 안다
마지막 남은 한순간도
허망한 끝이 아니라
오히려 가장 선명한 시작임을

白馬江 懷古 백마강 회고

백마강 언덕에 작은 배 띄우니
낙화암 아래 푸른 물결 흘러가네
백제의 궁궐은 이제 어디있는가
남은 건 슬픈 울음 저녁 가을에 스치네

사간공을 그리며

두문동의 맑은 바람 속에
스물여덟 번째로 이름을 남기신 분

태종의 나라에 청백의 길을 열고
팔도의 백성 위에 맑은 그늘 드리우셨네

안동의 강물 따라 흘러간 삶
하회마을에 칠십일 해를 채우시고
세종의 뜻에 따라
사간의 이름으로 영원히 불리우셨다

포은과 야은의 벗
황희의 붓 끝에도 남은 외로움
그대의 자취는 역사의 돌에 새겨져
오늘 먼 후손의 가슴을 두드린다

푸른 하늘에 묻힌 목소리여
사간공 안성의 기개여
저 또한 당신의 자손으로서
그 향기를 이어 살고자 합니다

석양 앞에서

조용히 사색에 젖어보니
가슴 깊은 곳
아직 식지 않은 젊음이 꾸물대네

노을빛에 비친 바다는
잠시 연인의 눈빛처럼 흔들리고
나는 문득 생각한다

이 순간
곁에 이성 친구가 있다면
석양은 더 오래 머물지 않을까

석양 속 고백

붉게 물든 하늘 아래
네 눈빛이 흔들리면
가슴속 작은 불꽃이

내 마음은 이미 흔들리고
말 한마디 망설이던 순간
가슴속 사랑이 자라나
석양빛에 스며든다

그리고 나는 조용히
용기를 내어
조금 떨리는 목소리로
말하고 싶어
좋아한다고

설레임

눈길이 스칠 때마다
심장이 작은 북이 되어 울고

말 한마디 미소 한 번에
세상이 훤히 열립니다

아직 손끝조차 닿지 않았는데
벌써 내 마음은
그대에게로 달려가고

오늘의 떨림이
내일의 사랑이 될 것만 같습니다

소나무

언제나 푸르름을 뽐내며
바람에 휘어도 꺾이지 않는 당신
소나무, 그 굳건한 의지 속에서
우리에게 쉼 없이 산소를 공급하며
자리를 지키는 모습에
어떤 비바람도 당신을 흔들 수 없음을 느낍니다

무엇이 당신을 그렇게 강하게 만들었을까요?
끝없이 뻗은 뿌리 속에 숨겨진
수많은 고독과 세월의 무게는
그 어떤 것보다 깊고 무겁겠지요
하지만 당신은 언제나 초록
매일 푸르게, 끊임없이 살아냅니다

그 모습에서 나는 배우고
작은 불안도, 스쳐 지나가는 고통도
견뎌내는 법을 배웁니다
당신처럼, 흔들리지 않고
뿌리 깊은 삶을 살아갈 수 있을까요?

오늘도 푸른 소나무는
높은 하늘과 맞닿아
고요히 그 자리를 지키며
우리에게 말합니다
"어디서나 그저 살아가면 된다
그것이 진정한 힘이니"

앞산 위의 뭉게구름

앞산 위에 걸린 뭉게구름
누가 만든 것일까
속삭이며 번져가는
한폭의 그림같다

나는 문득 멈춰 서서
그 빛결 속으로
조용히 들어가고 싶다

붉게 물든 하늘 아래
너와 나 잠시 스친 눈길
가슴 속 작은 불꽃이
석양빛처럼 번진다

가슴에 묻어둔 이야기

그 아픔을 그 그리움을
어찌하지 못한 채로
평생 감싸 안으며
살아가는 사람이 있겠지요

누구에게도 말할 수 없는
비밀이기보다는
지금의 삶을 위하여
지나온 세월을 잊고자 함이겠지요

때로는 말하고 싶고
때로는 훌훌 떨쳐 버리고 싶지만
세상살이가 그리 쉬운 일만은 아니기에
가슴앓이로 살아가며
뒤돌아 가지도 못하고 다가가지도 못합니다

외로울 때는 그 그리움도 위로가 되기에
가슴에 묻어둔 이야기를
숨겨놓은 이야기처럼
감싸 안으며 살아가는 사람들이 있겠지요

나는 보았네

나는 보았네
당신의 깡마른 팔뚝을
용산골 굴박굴 영장산 골골
나물 담은 앞치마에
가재 몇 마리

뛰는 듯 날렵하게
콩밭 매는
당신을 보았네

시집 장가가는 잔칫날엔
떡과 부침개 모두 만들어
과방 하는 것을

망녕난 할머니 달래며
시오리가 됨직한 5일 장
한나절에 다니시는
당신을 보았네

기운 없어 지팡이 의지하고

간호사가 걷어 올린 손끝에서

깡마른 당신의 팔뚝이
내 가슴
왜 이리도 아파오는지

농다리 위에서

천년의 세월 돌 위에 얹혀
물결 따라 숨결이 흐른다

백성의 손길로 다져놓은 길,
이 작은 발걸음도 역사가 된다

돌 하나, 흙 한 줌
삶을 이어주던 다리 위에
오늘 나는 천 년의 무게를
조용히 밟고 선다

을왕리의 석양

하늘 끝에서 허기도 잊은 채
부채살 따라 내려와
물속에 숨어들어
퍼져가는 석양도
뭉게구름이 희롱하네

해송 사이로 높이 솟은 등대 위에
띄워놓은 흑백의 연놀림이
울부짖는 을왕리 해변

낙조대의 진한 향이
희미한 수평선에 숙제를 남기며

꿈속에서 헤메이던 바람결에
선녀바위도 돌아앉아 손사래 치는데

세월 알갱이에 맞은 흔적
널부러진 책꽂이엔
물살만이 넘나드는
을왕리의 석양

인생의 저녁 길

햇살은 기울고
그림자는 길게 늘어져
발끝을 덮는다

뒤돌아보면
언제 저리 멀리 걸어왔나 싶고
앞을 바라보면
이미 저녁노을이 기다리고 있다

슬프지 않다
오히려 따뜻하다
저녁이 있어 하루가 완성되듯
저물어 가는 길도
하나의 아름다움이 된다

입추가 지나고

한 줄 달력에 붉은 글씨로
"입추"라 찍혀 있다

가을이 문턱에서
발끝을 들고 엿보고 있을 줄 알았는데
햇볕은 여전히 장작처럼 타 오른다

나무 그림자는 바짝 말라
길 위에 눕지도 못하고
지붕 위 매미 울음은
끓는 국물처럼 펄펄 끓는다

바람은 잠시 들렀다
옷깃을 잡아채지도 못하고
목덜미의 땀만 번져 놓고 간다

달력의 계절과
피부의 계절이
엇갈린 채
우린 여전히 한여름 속을 걷고 있다

제천 땅의 울림

대랑동 들녘에 서니
순암의 첫 숨결이
바람에 실려 온다

호명산은 품을 넓혀
명당의 기운을 감싸고
물길은 고요히 흘러
후손의 가슴을 두드린다

나는 안다
이 흙과 바람 속에
핏줄의 약속이 살아 있음을

제천 땅에 서서

호명산 자락 대랑동 들길에 서니
바람에 묵은 이야기를 품고 불어온다
표몽(豹夢)의 잉태로 태어나신
순암(順菴) 안정복(安鼎福)의 첫울음이
이 땅의 흙과 섞였을 그날 이후
제천은 한줄기 맑은 글 빛을 품어
오늘의 나에게까지 흘러온다

호명산은 묵직하게 둘러앉아
명당의 기운을 품고 있었고
물길은 고요히 흘러
선조의 뜻을 담아내고 있었다

나는 후손으로 서서
남다른 떨림을 느낀다
이 흙과 바람이 내게 전하는 것은
단순한 고향의 냄새가 아니라
핏줄로 이어진 깊은 약속이다

제천의 산과 물이 증언한다

한 생이 이곳에서 시작되어
역사로 남았음을
그리고 그 울림이
오늘 내 가슴에 다시 살아 있음을

가는 세월

손바닥에 움켜쥐려 해도
물처럼 스며 흘러내리고

잡아 두려 눈을 감아도
바람처럼 멀어져 간다

젊음은 저 뒤에 그림자가 되고
추억은 저 앞에 안개가 되어
걸음을 멈추라 하지만

세월은 오직
앞으로만 흐른다

남은 건
빈손의 허전함이 아니라
그 빈손에 새겨진
수많은 날들의 흔적이다

기다림

기다림은
빈손이 아니라
희망을 품은 두 손입니다

그대 오는 길을 그리며
하루가 꽃잎처럼 피어나고
발자국 소리 상상만으로도
내 마음은 환히 밝아집니다

머무는 시간마다
그리움은 달콤해지고
기다림조차 행복이 됩니다

사랑은 나이를 묻지 않는다

세월은 머리칼에
흰빛을 얹고
손등에 잔주름을 새겨놓았지만

가슴 한 켠의 설렘만은
아직도 푸른 봄빛이다

나이는 그저 숫자일 뿐
오늘도 그리움은
내 마음의 문을 두드린다

제4부

사랑한다는 말

사랑한다는 말

긴 세월 동안
나는 무심한 남편이었습니다

시어머니 모시며
병든몸 지키고
장례의 길마저 혼자 감당하면서도
한숨조차 삼키던 당신

나는 그 옆에서
말 대신 침묵으로 버티었고
사랑한다는 고백은
끝내 입술에 묶어 두었습니다

팔십을 넘어 돌아보니
내 삶의 기둥은
당신의 눈물과 인내였습니다

여보, 이제야 고백합니다
당신은 내 삶의 전부였고
내가 지켜온 내일이며

끝까지 사랑해야 할
오직 한 사람입니다

설렘

눈길이 스친 순간
가슴속 작은 불꽃이 번지고
말하지 않아도
나는 이미 설렌다

가슴 한 켠에서
빛줄기처럼 번지는 떨림
아직 오지 않은 순간
나는 이미 기다린다

말없이 두드리는
작은 파문 하나
그 속에서
나의 마음이 자란다

어느 날

어느 날 혼자 가만히 있노라니
갑자기 허무한 생각에
아무 말도 할 수 없고
가슴이 메이고 눈물이 쏟아지는데

이런 때 누군가를 만나고 싶은데
만날 사람이 없다는 생각에
더더욱 슬퍼진다

그래도 주위에는
항상 친구들이 있다고 생각했는데…

행여나
이런 마음을 들어줄 사람이
있을까 하는
기대에 수첩과 전화에 등록된
이름과 전화번호를
하나 하나 훑어 보아도
모두가 아니었다

바람맞고 사는 세상 혼자라는 생각에
발끝만 보면서
무작정 거리를 걸으며 가슴을 삭히고
마시는 뜨거운 한잔의 커피에
시름을 쏟아낸다
아…
삶이란 때론 이렇게 외롭구나

일주일의 행복

하늘의 별을 따는 듯
작은 종이에 새긴 숫자들

혹시 오늘은
내 삶을 바꿔줄 행운이 올까

꿈꾸는 순간만큼은
가난도, 걱정도 잊혀지고
내일이 환히 열립니다

로또의 꿈
비록 허망해도
오늘을 버티게 하는
달콤한 희망입니다

잡초 雜草

이 발길 저 발길에 차이고 짓밟히면서도
꿋꿋하게 버티는 잡초 하나
그 짓밟힌 흔적 속에서
스러져 가는 내 자신을 마주한다

길가에 피어난 이름 모를 풀
누구도 그 이름을 묻지 않고
아무도 신경 쓰지 않지만
그저 살아간다는 이유만으로
자리를 지키고 있다

내가 꺾이지 않으려 애쓰는 동안
그 풀은 매일같이 숨쉬며
대지에 뿌리를 내리고
억세게 자라나는 걸 본다

그냥 살아남는 것
그저 그것만으로도
세상은 존재를 인정한다고
잡초처럼 그렇게 살아가리라

부서져도 꺾여도
다시 일어날 힘을 찾아
오늘도 나의 길을 걷는다

젊은 마음

세월은 흘러도
마음이 젊으면,
꽃은 다시 피고
길은 늘 새롭다

인생은 나이로 늙지 않고
웃음으로 젊어진다

웃음의 힘

세상은 무겁고
걱정은 끊이지 않아도

내 마음이 웃는 순간
몸과 마음이 가벼워지고
하루가 행복으로 물든다

웃음은 약이 되고
행복이 되고
건강이 되어
나를 지켜주는 친구다

주말의 빈자리

주말이면 마음은 길을 떠나고 싶다
멀리, 바람 부는 들판이든
파도 부서지는 바닷가든
어디라도 좋으련만

허전함이 등을 밀어도
발길은 문턱에 묶여
내 안의 그늘만
조용히 늘어간다

떠나지 못한 나의 주말
창가에 앉아
홀로 흘러가는 구름을 바라본다

허전한 햇살

햇살은 눈부시게 쏟아지는데
내 마음은 빈 들판 같다

웃음소리 가득한 세상 속에서
혼자만 조용히 그늘을 걷는다

아름다운 삶의 지혜

삶은 먼 길
발걸음마다 흔적을 남긴다

욕심보다는 감사로
성급함보다는 여유로
사랑과 친절을 잃지 않는 마음이
가장 아름다운 길을 만든다

작은 행복을 놓치지 않고
오늘의 순간을 소중히 여길 때
삶은 자연스레 빛난다

아침 감사의 노래

눈을 뜨니,
슬픔은 따스히 이어지고
몸은 건강히 일어난다

그것만으로도
이미 큰 선물
하루를 시작할 힘이 된다

오늘은 해야 할 일을 마치고,
작은 즐거움 하나 하나 곱게 모아
저녁에는 미소로 마무리하리

감사는 햇살이 되어
내 하루를 비추고
그 빛 속에서
나는 행복을 배운다

작은 행복

크지 않아도 괜찮다
잠시 머무는 미소 하나
마음을 적시는 한 줄의 시가
곧 내 삶의 행복이다

작은 행복의 길

돌아보면
내 삶은 언제나
큰 것을 찾아 헤매었다
더 높이, 더 멀리
손에 쥐어야만 행복인 줄 알았다

그러나 세월이 지나고 보니
햇살 한 줌에 미소 지었던 아침
바람이 살짝 스쳐간 저녁
친구의 안부 한 마디
이 모두가 내 삶을 채운 보물이었음을

행복은 산처럼 크지 않았다
길가에 핀 들꽃이었고
궁전의 금빛이 아니라
곁에 앉아주던 사람이었다

작은 행복이 모여
내 삶의 강이 되고
그 강이 흘러

오늘의 나를 살게 했음을

그래서 나는
빈손이 아님을 안다
작은 행복들이
내 마음 깊이 별빛처럼 쌓여 있으니

젊은 마음의 노래

세월은 흐르고
머리칼엔 바람처럼 흰빛이 내려앉아도
내 마음에 꽃이 진 적은 없다

나이란 숫자일 뿐
오늘의 웃음을 빼앗을 순 없지
가슴이 두근거릴 때마다
새 길은 언제나 열려 있다

봄을 바라보는 눈빛이 있으면
가을도 따뜻하고
겨울을 걸어도
그 속에 여름의 햇살이 깃든다

젊은 마음은
시간을 거슬러 흐르는 강
노래를 품은 바람
내 인생을 다시 빛나게 한다

그러니

오늘도 나는 웃는다
이 발걸음이 멈추지 않는 한
삶은 늘 새롭고 즐겁다

주말의 빈자리

주말이면 마음은 길을 떠나고 싶다
멀리, 바람 부는 들판이든
파도 부서지는 바닷가든
어디라도 좋으련만

허전함이 등을 밀어도
발길은 문턱에 묶여
내 안의 그늘만
조용히 늘어간다

떠나지 못한 나의 주말
창가에 앉아
홀로 흘러가는 구름을 바라본다

죽서루에 올라

돌 틈 사이 길을 따라
죽서루에 이르니
뒤편 절벽은 하늘에 닿고
아래로는 강물이 굽이친다

천 길 낭떠러지 아래
은빛 물결이 부서져 흐르고
가슴은 시원히 트여
번뇌 또한 씻겨 내려간다

세월은 흘러도
강물은 멈추지 않고
오늘 나는 조상의 자취 속에서
또 한 줄 시심을 얻는다

꿈에 그린 제주

가 본 적 없건만
내 마음속 제주도는
늘 바다 빛 푸르고
돌담 너머 바람이 분다

꿈에라도 닿는다면
한라산 눈꽃을 밟고
돌하르방 앞에 서서
바다 향기 가슴에 담으리

못 간 길일지라도
그리움이 나를 이끌어
나는 이미 제주를 걷고 있다

눈을 감으면

눈을 감으면
오히려 세상이 다 보인다

현실의 소음은 멀어지고
마음의 창은 더 넓게 열린다

망상 속에 피어나는
파란 꿈 하나
그 속에서 나는
또 다른 나를 만난다

그리고 잠시나마
세상은 더 따뜻해진다

뜨거운 말

말은 칼이 되기도
불꽃이 되기도 한다

가슴을 뜨겁게 하는 말은
진심에서 나오는 것이다

거짓과 허세를 덮어두고
상대의 눈을 바라보며
마음을 담아 건네는 한마디
그 한마디가 세상을 따뜻하게 한다

무거운 마음

땅값은 하늘을 찌르고
손에 쥐려는 마음은 무겁다

작은 집, 좁은 길
꿈은 저 멀리 흩날린다

이웃의 집은 금빛 궁전처럼 보여도
우리 마음속엔
공허와 초조만 가득하다

그래도
오늘 발 디딘 흙 위에서
작은 숨을 고르며
내일을 생각해 본다

무소유의 편안함

주머니는 가볍지만
마음은 한결 편하다

탐욕에 쫓기지 않고
부러움에 흔들리지 않는
조용한 하루가 내 것이다

없는 것이
때로는 가장 큰 자유가 된다

제5부

사랑으로 찾는 행복

사랑으로 찾는 행복

바람이 불어도
비가 내려도

사랑이 깃든 마음은
늘 햇살로 가득하다

행복은 먼 곳에 있지 않고
서로를 향한 작은 손길 속에서
조용히 피어난다

숨 막히는 세상

땅에 묻힌 진실
그 위로 거짓이 넓게 깔린다

소송과 고발이 아니면
숨 쉴 수 없는 숨 막힌 하루

서로를 의심하며 걷는 길
진실은 자꾸만 사라지고
차가운 법과 제도만이
남은 세상의 울타리처럼 서 있다

그러나 아주 가끔
작은 정의의 불빛이 스며
보이지 않는 곳에서
희망을 지켜주기에 살 맛이 난다

욕심 가득한 동네

몇 집 안되는 작은 마을
골목마다 차가운 눈빛이 흐른다

말 한마디, 웃음 한 번도
조심스러운 숨결이 되고
이웃이 문은
닫힌 채 서로를 경계한다

흙냄새 나는 들녘에도
평화는 없고
바람만 스치며
헛소문과 원망을 실어 나른다

그러나 먼 하늘의 구름처럼
잠시나마
마음을 가볍게 하는
작은 기억은 남아 있다

건너지 못하는 강

물결은 흐르되
내 발걸음은 닿지 못하는 강
사랑도, 시간도
내 뜻대로 되지 않는 법

저편에 있는 꿈을 바라보며
손을 뻗어도 닿지 않고
흐르는 물소리만
가슴을 적신다

건너지 못하는 강
오늘도 나는
그 강 앞에서 서성인다

고추잠자리

햇살 속에서 붉게 빛나는
가을이 오고 있음을 알리는
고추잠자리
여름 들판 위를 살며시 스치며
작은 날갯짓으로 바람을 타고 간다

그 붉은 몸짓 속에
햇살과 풀잎의 향기
잠시 멈춘 마음과
아이 같은 설렘이 스며든다

고추잠자리
작지만 여름의 한 장면을
마음 깊이 새겨주는
소중하고 반가운 손님이다

나그네

길 위를 떠도는 나그네
발자국마다 이야기를 남기고
하늘과 땅 사이
홀로 길을 걷는다

바람은 친구가 되고
별빛은 길을 비추지만
마음 한 켠에는
늘 돌아갈 집을 그리워한다

나그네의 하루
잠시 머물다 가는 세상 속에서
조용히 흔적을 남긴다

낮에 뜬 달

햇살 가득한 하늘에
살며시 걸린 흰 그림자
낮에도 떠 있는 달은
어쩐지 외로운 마음을 닮았다

사람들 눈길에 잘 닿지 않아도
묵묵히 자리를 지키며
밤을 기다리는 그 모습이
삶의 인내 같아 가슴을 울린다

노년의 눈물

주름진 얼굴 위로
조용히 흐르는 눈물
세월의 흔적과
삶의 무게가 실려있다

잊고 싶었던 아픔도
감사로 남은 기억도
모두 한 방울 눈물 속에
조용히 녹아 흐른다

노년의 눈물은
슬픔만이 아니라
살아온 날들의
깊은 울림이 된다

돌지 않는 선풍기

여름의 열기 속
돌지 않는 선풍기 앞에 서면
바람 한 줄기 없는 방 안
마음은 느리게 녹아내린다

소리만 희미하게 울리고
회전 대신 정지한 바람 속에서
조금씩 지친 몸과 마음을
조용히 느낀다

돌지 않아도
그 자리에서 나를 바라보며
오늘 하루를 견디게 하는
작은 존재

땀방울의 행복

이마 위 맺힌 작은 땀방울
오늘 하루의 흔적이자 선물

땀을 흘린 만큼
내 마음은 가벼워지고
작은 성취가
속삭이듯 나를 웃게 한다

땀방울 속에서 찾는 행복
그것은 화려하지 않아도
가장 진실하고
가장 나다운 기쁨이다

자손들에게

너희는 나의 뿌리요
내가 살아온 흔적이다

가난과 시련 속에서
넘어지고 부끄럽던 삶이었으나
끝내 다시 일어난 것은
너희에게 희망을 물려주기 위함이었다

물질의 재산은 없어도
마음만은 크게 남기고 싶다
서로 의지하되 짐이 되지 말고
사랑하되 미움 품지 말아라

남은 시간
너희가 걷는 길 위에
늘 푸른 그늘 되어 서 있겠다

竹西樓上 죽서루상

巖路穿石罅 암로천석하
登樓望遠江 등루망원강
絶壁千尋下 절벽천심하
胸襟一氣凉 흉금일기량

바위틈 따라 난 길로 올라
죽서루에 서서 멀리 강을 바라보니
천 길 절벽 아래로 물줄기 흘러내려
가슴이 한순간에 시원히 트이는구나

펴는 손

손을 펴면
마음도 함께 열린다

남의 기쁨과 슬픔에
조용히 귀 기울이는 삶

작은 친절 하나가
세상의 어둠을 비추고
내 마음에도 빛이 스민다

햇살 속의 마음

화창한 날, 햇살은 웃고
바람은 부드럽게 스친다

허전한 마음이 떠돌아도
그 속에 작은 위로 하나 있다

길가의 꽃, 지나가는 새
조용히 스미는 바람결
오늘, 이 순간
나는 혼자가 아니구나

떠나버린 님이여

떠나간 님이시여
세월의 강 건너 어딘가에서
부디 웃음 잃지 말고
행복하게 잘 사시기를

내 마음에 남은 빈자리
바람이 스치듯 아프지만
당신이 평안하다면
그것으로 난 행복합니다

만개한 능수화

바람 따라 늘어지는 가지 끝
능수화가 만개했다
연분홍 꽃잎 사이로
햇살과 바람이 부드럽게 스며든다

고개를 들어 바라보면
하늘과 맞닿은 꽃의 물결
그 속에서 마음도
살짝 흔들리며 설렌다

만개한 능수화
잠시 모든 시름을 잊게 하고
오늘의 하루를
꽃향기로 채운다

만나고 싶을 때 만날 수 있다면

그리움이 차올라
밤하늘 별을 헤아릴 때
문득 당신이 와 준다면
세상은 더 이상 외롭지 않으리

바람 따라 흘러간 세월도
아쉬움 없이 웃어넘기고
오늘의 눈물조차
따스한 꽃이 되리라
만나고 싶을 때
만날 수 있다면
그것이 곧 행복의 다른 이름일 터

며느리를 생각하며

우리 집의 새로운 기둥이 되어
조용히 마음을 더해주던 너
손길 하나 웃음 하나에
부모의 마음이 스며든다

지난 과거를 들춰내며
누구를 탓할 일도
원망도 없이 묻어두고
너의 작은 기쁨도
슬픔도 함께 나누면
우리 집 안의 온기가
더 깊어지고 넓어진다

며느리여
늘 건강하고 행복하길
그저 바라보는 마음이
오늘도 사랑이 된다

못다한 사랑

말하지 못한 채
가슴 속에 묻어둔 사랑
시간이 흘러도
그리움으로 남아 있다

한순간 웃음으로 덮었지만
눈빛 속에 스미는 흔적은
돌아올 수 없는 길처럼
내 마음을 여전히 붙든다

못다한 사랑
그 이름 하나만으로도
오늘을 살아가게 하는 힘이 된다

밤낚시에 피어나는 물안개

물안개가 강 위를 흩날리듯
고요한 밤, 마음도 흩어진다
낚시 줄 끝에 달린 작은 기다림
잊힌 생각들이 물결 위에 떠오른다

별빛 한 점, 바람 한 줄기
모든 것이 정적 속에서
숨을 고르고
마음은 차분히 고요를 느낀다

밤낚시는
물안개와 함께
잠시 세상을 잊게 하고
자신만의 시간을 준다

제6부

배 려

배려

작은 손 길 하나
말 한마디의 온기
그 속에 숨은 마음이
세상을 따뜻하게 한다

바쁘고 혼잡한 하루 속에서도
잠시 멈춰 바라보는 눈길
조금 더 이해하고, 조금 더 감싸는 마음이
진정한 배려다

배려는 거창하지 않아도
우리 삶을 부드럽게 만들고
사람과 사람 사이를
조용히 이어주는 다리이다

불꽃

어둠 속에서
한 줄기 불꽃이 타오른다
순간의 빛이
밤을 밝히고 마음을 흔든다

바람이 불어도 꺼지지 않고
떨리는 심장처럼
뜨겁게 뛰며
오늘을 불태운다

불꽃은 짧지만
그 열기와 빛은
오래도록 마음에 남는다

비 내리는 밤의 그리움

창문을 두드리는 빗소리에
내 마음도 젖어든다

멀리 있는 그대 생각에
숨결마저 촉촉해지고
잊은 듯 했던 기억들이
물방울처럼 떨어진다

비 내리는 밤
그리움은 더 깊어지고
조용히 마음을 적신다

사간공 안성 선조 제향 후

고려말 충신의 기개
조선 초 청백리의 길을 따라
관찰사로 평생을 바치신
선조님의 흔적 앞에 서니
가슴이 숙연해진다

텃골 광주안씨 입향조의 뿌리 깊은 역사
오늘의 제향 속에서
조상의 사랑과 지혜가
우리에게 이어짐을 느낀다

향불의 연기 속에 실어
감사와 존경을 마음에 담고
그 길을 따라
오늘도 성심으로 살아가리라

작은 손주의 군입대

작은 어깨에 짊어진
낯선 군복과 배낭
이제 스스로 길을 걷는구나

멀어지는 뒷모습을 바라보며
마음은 저려오지만
그 발걸음마다
자랑스러움이 스며든다

손주가 흘린 땀과 눈물에도
사랑과 응원이 함께하리
오늘의 이 이별이
내일의 큰 희망이 되리라

얄미운 사람

보고 싶다 말하면
차갑게 웃어 넘기면서도
돌아서면
내 마음 깊이 남아 있는 사람

멀리 두려 애써도
가까이 다가와 흔들고
미워하려 해도
그리움으로 물드는 이름

얄미운 그대여
이 가슴 속에선
끝내 사랑으로만 피어나는 사람

어머니의 사랑

끝없는 바다보다 깊고
하늘보다 넓은 마음,
그 안에 나는 언제나
작은 새처럼 안겨 있었다

세월이 흘러도 변치 않는 등불
어둠 속에서도 길을 밝혀주던 손길
그 이름 하나만 불러도
가슴이 저리도록 그리운

어머니의 사랑

이름없는 그리움

부르지 못한 이름처럼
마음속에만 머무는 그리움
바람결에 스쳐도
끝내 닿지 못하는 손길

누구를 향한 것인지
나조차 알 수 없건만
밤이 깊을수록 더욱 선명해져
별빛처럼 가슴에 머문다

이름없는 그리움
그 또한 나의 삶이 되어
오늘도 조용히 자란다

이택재

고요한 마당에 바람 스미고
책 읽는 소리 맑게 번지니
한 줄 글 속에 역사가 흐르고
한 말씀 속에 나라의 기둥이 자라네

이택재, 그 이름처럼
澤은 은혜로 麗는 기쁨으로
가르침의 못에 드리운 물결 따라
후학의 꿈이 끝없이 번져간다

인생 수업

세월은 스승이고
삶의 하루하루가 교실이다

실수와 아픔 속에서
나는 조용히 배우고
기쁨과 사랑 속에서
다시 한 번 깨닫는다

인생 수업은 끝나지 않고
때로는 가르침이
눈물로 웃음으로
내 마음에 새겨진다

인생의 간이역

긴 여행길에
잠시 숨 고르듯 머무는 작은 역
인생도 그와 같아
머물다 떠나고, 떠나다 다시 선다

누군가는 스쳐 가고
누군가는 오래 머무르며
눈빛 한 줌, 따뜻한 말 한마디
추억을 남기고 떠난다

이 간이역이 있기에
인생의 긴 여정도 지치지 않고
다시 걸음을 떼어
새로운 길을 향해 간다

손주 제대의 날

멀리서만 바라보던
작은 어깨의 군복
그제야 안도와 자랑스러움이
가슴을 스친다

면회도 가 보지 못했지만
이해하리라 믿고
그 발걸음 하나하나가
우리 사랑과 응원을 느끼며
오늘을 살아냈음을 안다

제대라는 이름의 하루
이어지는 학교생활
장한 손주와 마음이
조용히 다시 이어진다

자손에게 남기는 말

너희는 조상의 뿌리에서 돋아난 새순이니
서로를 아끼고, 다투지 말며
사랑으로 집안을 지켜라

재산은 흩어져도
마음이 모이면 흥하나니
화목이 가장 큰 재산임을 잊지 마라

부모에게는 효를 다하고
자식에게는 본이 되며
세상과는 바르게 살아가라

나는 비록 부족 하였으나
너희는 더 큰 그릇이 되길 바란다
조상들의 숨결을 이어
대를 빛내어라

중년의 외로움 1

세월은 등을 굽히고
젊음은 저만치 가버렸네
빈자리처럼 허전한 가슴에
바람만 스쳐 지나간다

그러나
이 고요한 적막 속에서
나는 다시, 나를 마주 배운다

중년의 외로움 2

웃음 뒤에 남는 고요
사람들 속에서도
텅 빈 방처럼 허전한 마음

젊음은 멀리 떠나고
세월은 어깨 위에 내려앉아
밤이 깊을수록
그리움만 짙어진다

그러나
한 줄기 빛은 여전히 남아
내일을 기다리게 한다

조상님의 불천위(안 황) 제향

조용한 오전, 향불이 피어오르고
조상님의 자취가 마음에 스며든다
손 모아 경건히 절을 올리고
지난 세월의 은혜를 되새긴다

불천위(안 황)에 올린 제향
조상의 사랑과 지혜가
오늘의 우리를 지켜주었음을 느끼며
감사와 존경을 가슴에 담는다

이 순간의 정성 속에서
우리의 뿌리와 삶이
서로 이어지고 있음을 깨닫는다

허공

손을 뻗어도 닿지 않는
끝없는 빈자리
내 마음은 자꾸만
그 허공을 더듬는다

텅 빈 듯 보이지만
바람이 흐르고
별빛이 머물며
그리움이 날아다닌다

허공은 어쩌면
비어 있음이 아니라
또 다른 세상의 품일지도 모른다

행복한 기다림

기다림은 때로
긴 어둠 같지만
그 끝에는
새벽의 빛이 숨어 있지요

오늘은 오지 않아도
내일은 다가올 테니
설레는 마음으로
그 길목에 꽃을 심습니다

행복은 기다림 속에서
조용히 자라나
나를 미소 짓게 합니다

한 잔의 추억

뜨거운 찻잔을 손에 쥐면
그날의 웃음과 이야기들이
서서히 피어오른다

향기 속에 묻어둔 말들
말없이 나누던 눈빛
시간 속에 잠든 온기까지
한 모금에 되살아난다

차 한 잔의 추억은
가슴 속에서
조용히 웃음을 피우고
오늘의 나를 따뜻하게 한다

책과 잠

책장을 넘기면
글자마다 고요가 흐른다
머리 위로 스며드는 정적 속에서
눈꺼풀은 점점 무거워지고
마침내 마음은 부드럽게 잠에 안긴다

책은 지식이자 이야기지만
때로는
가장 달콤한 수면제가 되어
하루의 피로를 녹인다

이천 특전사 식당에서

정문을 바라보고 좌회전
군인들의 발걸음 따라 들어선 자리

푸른 군복의 기상 속에
소갈비살 향기 피어오르고
장어구이 익어가는 향이 번진다

시중 단가와 비교도 안 되건만
정성은 배로 가득 차
한 접시 두 접시
양껏 나누어 먹는 기쁨

나라 지키는 이들의 땀방울처럼
값진 한 끼의 고마움
군의 품에서 느낀 푸짐한 하루가
오늘도 마음을 든든히 채운다

비 내리는 섬진강 추어탕

촉촉한 빗줄기
섬진강 물결에 스며들고

안개처럼 번지는 향기 따라
추억 같은 국물 한 그릇이 피어오른다

뜨끈한 맛 속에
고단한 세월도 풀리고
젖은 마음마저 데워주는
섬진강의 위로

비 오는 주말
한 그릇 추어탕에
세상 근심 사르르 녹는다

제6부 _ 배려

삶의 향기 안용환 제1시집

2025년 09월 30일 인쇄
2025년 09월 30일 발행

지은이 안용환
펴낸곳 동 천

등록번호 제 2011-000079

값 12,000원
ISBN 979-11-994798-0-7

* 잘못된 책은 바꾸어 드립니다.